NOTICE

SUR

L'HYGIÈNE EN FRANCE

IL Y A CENT ANS ET AUJOURD'HUI

PAR

M. le Docteur DESHAYES

Secrétaire du Conseil central d'Hygiène de la Seine-Inférieure

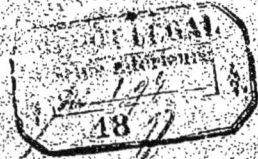

ROUEN

IMPRIMERIE E. CAGNIARD (Léon GY, Succ.)
Rues Jeanne-Darc, 88, et des Basnage, 5

1897

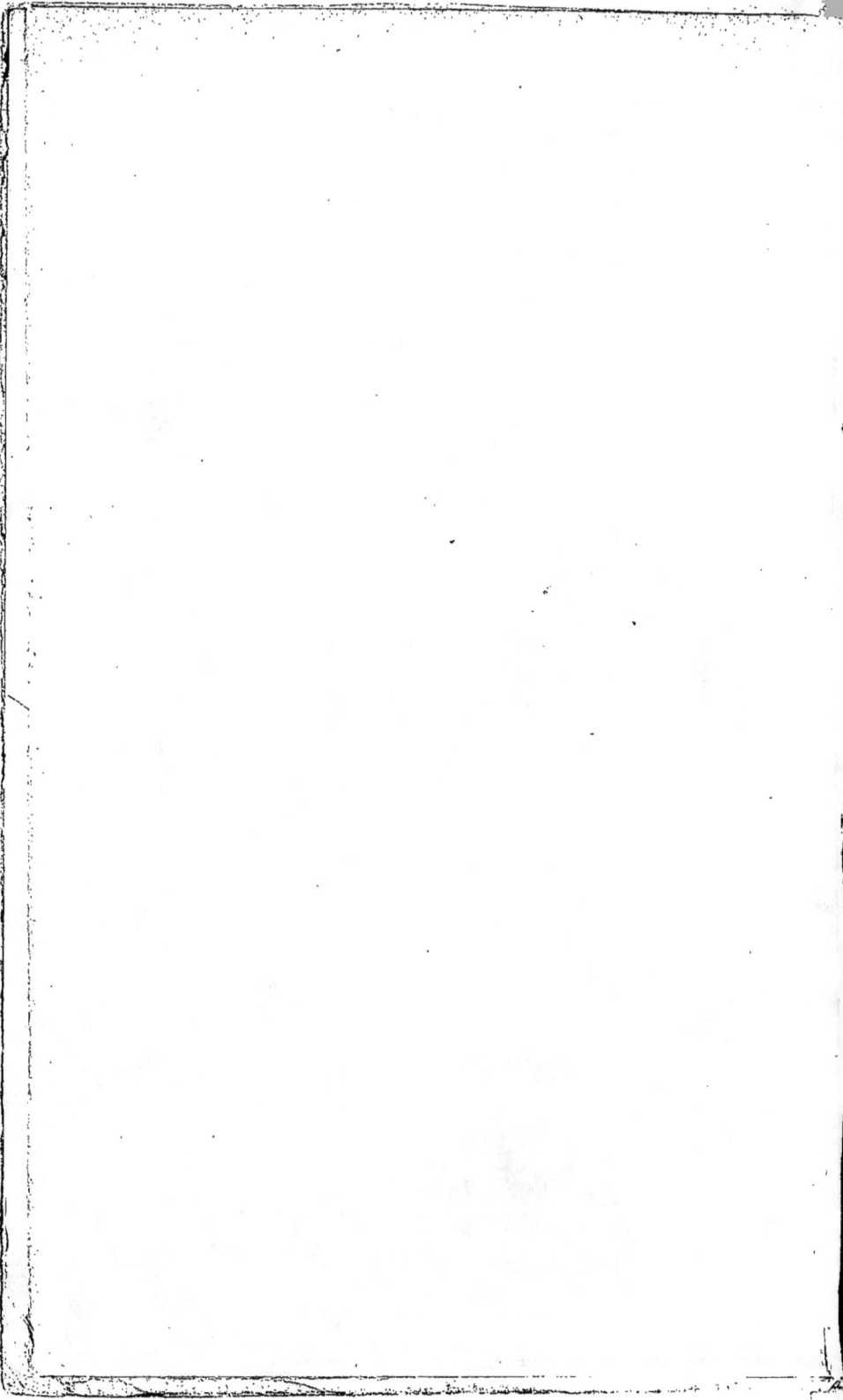

NOTICE

SUR

L'HYGIÈNE EN FRANCE

IL Y A CENT ANS ET AUJOURD'HUI

PAR

M. le Docteur DESHAYES

Secrétaire du Conseil central d'Hygiène de la Seine-Inférieure

ROUEN

IMPRIMERIE E. CAGNIARD (Léon GY, Succr)

Rues Jeanne-Darc, 88, et des Basnage, 5

—

1897

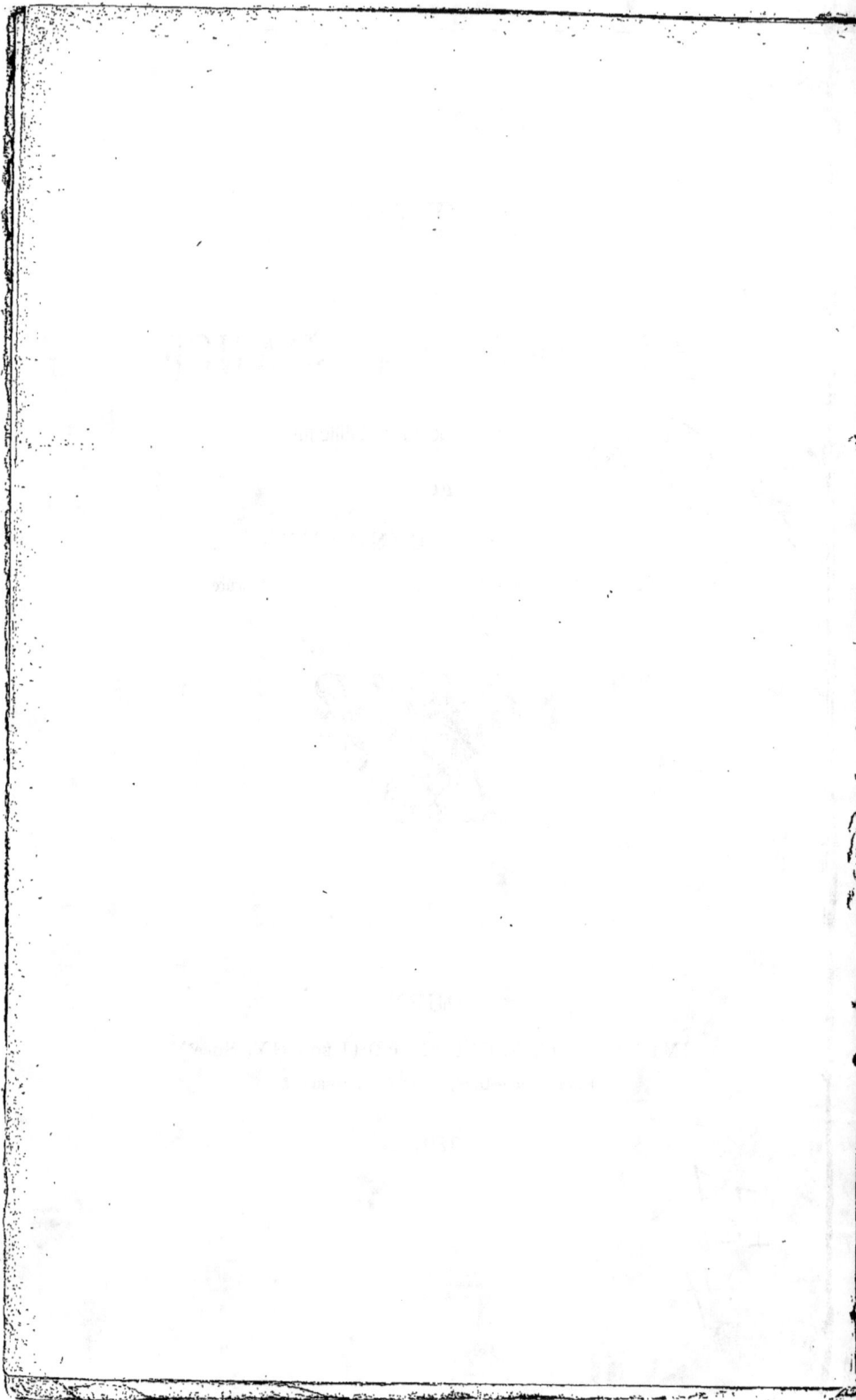

L'HYGIÈNE EN FRANCE

Il y a 100 ans et aujourd'hui

MESSIEURS,

L'hygiène, après avoir brillé d'un certain éclat dans l'antiquité, peu à peu retombée dans l'oubli, il y a cent ans était encore chose à peu près inconnue ; elle est aujourd'hui redevenue prépondérante, et notre merveilleuse organisation sanitaire est bien connue de vous tous, ici présents, qui, par vos travaux et vos efforts personnels, contribuez chaque jour à son développement.

On a reproché aux hygiénistes de n'être jamais contents ; de toujours demander, de toujours et sans cesse réclamer de nouvelles améliorations, de nouveaux perfectionnements. C'est justice. Notre rôle à nous, hygiénistes, est d'être constamment à la recherche du progrès.

Aujourd'hui cependant — une fois n'est pas coutume —nous ferons trève à nos critiques pour applaudir à ce qui a été fait, persuadés que l'avenir nous réserve plus et mieux encore.

D'ailleurs une étude rétrospective n'est jamais sans

profit. Contemplons le chemin parcouru et les grandes étapes qui nous restent à franchir paraîtront plus rapprochées.

Il y a cent ans, Tenon, s'élevant contre la situation déplorable des hôpitaux, écrivait : « Qu'on se représente une longue enfilade de salles contigües où l'on rassemble des maladies de toute espèce; où l'on entasse souvent 3, 4 et 5 malades dans un *seul lit*, les vivants à côté des moribonds ou des mourants..... »

Telle, en effet, était la situation.

De même pour les asiles d'aliénés et les prisons : « Et quel attristant tableau que celui de ces pauvres fous, attachés par les membres, hurlant et se déchirant dans d'étroites cellules;

» De ces prisonniers se consumant au fond de noirs cachots, les pieds dans l'eau, rongés par toute une armée de parasites. »

Ce tableau, mais il est d'hier, et aujourd'hui, dans la fièvre d'hygiène intensive qui nous anime, l'hôpital recherché pour son bien être, sa sécurité, son luxe même ; la pourriture d'hôpital, l'infection vaincues par l'antisepsie.

La première enfance protégée, la misère secourue, l'assistance par le travail, crèches et dispensaires, œuvres de charité et prévoyance sociale de toutes sortes, qu'est-ce tout cela sinon l'hygiène dans toutes ses applications :

Aussi que de résultats obtenus ! Mon maître, Emile Leudet — dont le pieux souvenir est toujours vivant dans nos cœurs — aimait à rappeler que certaines maladies, aujourd'hui éteintes, avaient cédé aux progrès incessants et journaliers de l'hygiène publique :

Tel le paludisme, disparu de notre région ; telles ces fameuses coliques sèches de Normandie qui n'étaient autres qu'un empoisonnement par les sels de plomb ;

Tel aussi le saturnisme de nos ouvriers peintres, et qui disparaîtra à jamais quand on voudra bien substituer, de par la loi, le blanc de zinc au blanc de céruse ;

Tel enfin l'empoisonnement par la fabrication des allumettes chimiques dont aura définitivement raison la substitution du phosphore rouge amorphe au phosphore blanc, essentiellement pernicieux.

Ainsi disparaîtra la phtisie des faïenciers, dont nos collègues de Dieppe nous ont apporté de mémorables exemples, par l'adoption de la voie humide.

Rappelez-vous, mes chers collègues, en visitant notre belle Exposition, que notre vieux Rouen, dont on aime, 100 ans après, à exhiber et les vieilles faïences et les vieux monuments, n'avait rien de bien hygiénique.

Les 65,000 habitants que possédait Rouen en 1789, avaient certes raison d'être fiers de leurs églises et de leurs palais ; mais quelles pauvres et sales rues ; mais que de cloaques, de sentines et de réceptacles à microbes !

Les maisons à pignon, dit encore Leudet, surplombant la rue, y rendaient difficile l'accès de l'air et de la lumière. Chaque matin les ménagères d'alors, coiffées du légendaire bonnet de coton normand, déversaient leurs vases dans le milieu de la rue, alors creusée en ruisseau.

C'est ainsi, en effet, que les détritus de la maison, et par détritus il fallait le plus souvent entendre les matières fécales, étaient rejetées à la voirie, partout les eaux étaient stagnantes, sans écoulement.

Et maintenant, que voyons-nous ? Partout de larges rues, bien aérées, ensoleillées, des squares, des boulevards, des jardins publics ; l'eau de sources distribuée à profusion, de vastes égouts ; partout les meilleures conditions de salubrité ;

La déclaration obligatoire des maladies contagieuses, l'isolement, la désinfection des locaux contaminés, l'inspection médicale des écoles, la vaccination généralisée ; partout aussi l'application de mesures défensives.

Et insensiblement la médecine de curative devenant préventive.

Qui de nous ne se souvient encore du traitement appliqué aux tuberculeux d'alors, à domicile comme à l'hôpital. Le malade sévèrement sequestré dans la laine et sous les couvertures, gorgé de tisanes pectorales et de breuvages édulcorants, confiné à la chambre, crachant partout, se consumant au coin du feu, s'infectant lui-même et contaminant son entourage.

Et aujourd'hui, les crachats, cause fréquente et certaine de la contagion, désinfectés, désinfectés l'habitation, les vêtements et la literie.

Et pour méthode curative, l'aérothérapie ! La phtisie reconnue curable à toutes ses périodes, par la

vie au grand air, à une altitude déterminée, par un
régime bien surveillé. D'où les voyages prolongés sur
mer, d'où surtout aujourd'hui la création à l'étranger,
et depuis quelques années en France, des sanatoria.
Aux écoles suintant l'humidité, mal éclairées, non ven-
tilées, vous avez substitué de vastes établissements, où
l'enfant trouve le bien-être et la santé.

Ainsi le voulaient l'hygiène et la morale.

Faut-il citer encore la loi de protection du travail
dans les ateliers, la limitation du temps pour les hommes
et les enfants, la sollicitude accordée aux nouvelles
accouchées, et dans un autre ordre d'idées, la guerre
déclarée à la fraude, la surveillance des denrées ali-
mentaires, etc. Et ce sera une des gloires de la République d'avoir ainsi encouragé et imposé ces grandes
mesures de salubrité publique.

Les hommes les plus éminents, les esprits les plus
éclairés ont enfin compris qu'il n'était plus permis de
se désintéresser de ces questions de la santé publique,
et c'est ainsi que nous avons vu le regretté président
Carnot déclarer dans son message qu'une de ses prin-
cipales préoccupations serait celle de l'hygiène; et il
tint parole. Il fallait voir, en effet, comme tous ces
problèmes de sociologie, construction de maisons ou-
vrières et à bon marché, organisation des Sociétés de
secours mutuels, associations de prévoyance et de soli-
darité mutuelles, lui tenaient à cœur.

Il sentait bien, lui, le grand penseur, le philosophe
éminent, que là, et là seulement réside la solution de
la question sociale. Et ses idées généreuses, il avait su

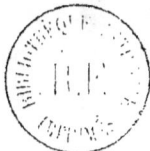

les communiquer aux siens, et ceux d'entre vous qui
visiteront le sanatorium d'Arcachon, y trouveront
deux lits entretenus par sa veuve. Et M. Félix Faure
suit déjà l'exemple de M. Carnot.

Une seule découverte, celle du vaccin, par Jenner,
le 11 mai 1796, marque les progrès de l'hygiène au
siècle dernier.

Mais ce n'est guère que de 1837, que commence véri-
tablement l'ère de l'hygiène pratique, et encore est-ce
l'Angleterre qui, la première, nous donna l'exemple,
en décrétant *l'Act* ou *the local Governement board,*
avec cette devise : « la santé publique est le fondement
sur lequel reposent le bonheur des peuples, et la puis-
sance d'un pays. » « Le soin de la santé publique est le
premier devoir d'un homme d'Etat. » (Disraeli, Chambre
des Communes).

Et, en effet, à partir de ce moment, l'Angleterre
accomplit en matière d'hygiène une véritable révolu-
tion, dépense plus d'un milliard à réformer les diffé-
rents services sanitaires, et arrive ainsi à cet état de
perfection qui fait actuellement l'admiration du monde
civilisé.

La France cependant était déjà, elle aussi, entrée
dans le mouvement.

Dès 1790, on trouve à Paris un service régulier de
secours aux noyés et asphyxiés. Bientôt la Société
royale de médecine établit des rapports sur les épidé-
mies, les épizooties, les ateliers malsains, le méphi-
tisme des fosses d'aisances, etc.

En 1802 apparaît la création du Conseil de salubrité

de Paris, avec les attributions qui sont encore celles d'aujourd'hui. Puis, Lyon en 1822, Marseille en 1825, et Rouen en 1831, imitent cet exemple ; le Conseil central d'hygiène de la Seine-Inférieure compte donc soixante-cinq ans d'âge.

On peut dire que de cette date commence le fonctionnement régulier des services de l'hygiène dans notre département, et, si l'on excepte l'année fatale de 1870, on voit que, depuis 1831, toutes ses séances mensuelles ont été suivies avec une régularité et une assiduité dignes des Normands.

Grâce aussi à l'émulation des autres grandes cités, l'hygiène allait prendre un essor et une vitalité jusqu'alors inconnue, et les grandes étapes sont marquées par l'apparition des Sociétés privées, et à leur tête la Société de médecine publique, à Paris, par la création de Bureaux d'hygiène, et, en première ligne, celui du Havre, dû à l'initiative de notre savant collègue, M. le docteur Gibert, un des champions de l'hygiène, ceux de Nancy, de Reims et de Rouen.

Par les Congrès internationaux d'hygiène, grandes assises où viennent périodiquement se donner la main les hygiénistes de tous pays ; par la défense au Parlement des intérêts de la santé, et par l'adoption de la mémorable loi Roussel ; par la publication de revues et de journaux spécialement affectés à la défense de nos idées, et enfin, au-dessus, bien au-dessus de tout cela, par la révélation des immortelles découvertes de Pasteur.

Nous savions par intuition que les maladies épidémiques se propagent par le contact, par les effluves, par des miasmes : « Il appartenait à Pasteur de démontrer la virulence des germes, leur forme, leur vie, leur mode d'action ; il lui appartenait de les atténuer et de s'en servir pour conférer l'immunité..... Gloire et reconnaissance à Pasteur » (Brouardel).

En raison même de l'importance, chaque jour grandissante de l'hygiène, on a depuis longtemps réclamé en France l'institution d'un ministère de la santé publique. Je m'associe à ce vœu, mais, en réalité, ce ministère nous le possédons.

Depuis le 5 janvier 1889, la France, à l'exemple des grandes villes civilisées, possède une Direction de la santé publique ; et, par décret de M. le Président de la République française, ce service a été transféré, du Ministère du Commerce et de l'Industrie, au ministère de l'Intérieur, et rattaché à la direction de l'assistance publique qui désormais porte le titre de : Direction de l'assistance et de l'hygiène publiques.

A la tête de ce service se trouve M. Monod, ancien préfet du Calvados, et qui, par son action incessante depuis son ministère, a rendu les plus grands services à notre cause. C'est qu'aussi il s'est entouré de collaborateurs éminents, tels que les professeurs Brouardel et Proust..... De même la Société de médecine publique, plus encore peut-être que le Comité consultatif d'hygiène, et qui compte dans ses rangs des hommes de la valeur de nos collègues Napias, Martin, Drouineau, et

tant d'autres, a été pour lui une source de renseigne-
ments et d'indications dont il a toujours su tirer profit;
grâce à cette organisation, l'hygiène en France a son
existence officielle bien assurée.

Que si maintenant nous nous demandons quelle a été
l'action des Conseils d'hygiène dans les départements,
nous pouvons affirmer que celle de la Seine-Inférieure
a été considérable.

Depuis quatorze ans surtout, grâce à l'appui haut et
puissant et à la direction bienveillante de M. Hendlé,
notre organisation sanitaire s'est chaque jour perfec-
tionnée; et dans ce mouvement de réformes et de
progrès, qui entraîne les Sociétés modernes, vous tenez
la première place.